무서운 것에서 ...   이상한 것까지 ...

돌진!

꿀렁!

멋진 동물들의 리얼 야생을 재미있는 만화로 탐험하자!

이것저것 공룡들의 하루

다른 선사시대 동물들도!

제이크에게, 이 책을 더 일찍 쓰지 않아 미안하다!
- 마이크 바필드

사미에게. 우리가 살고 있는 이 위대하고, 다양하고, 이상한 행성에서 너에게 놀라움이 끊이지 않기를!
- 폴라 보시오

Original Title : The Wild Life of Dinosaurs
First published by Michael O'Mara Books.
Text and layout © Mike Barfield 2024
Illustrations copyright © Buster Books 2024

Korean language edition © 2024 by Bomnamu Publishing Co.
Korean language edition arranged with Michael O'Mara Books through POP Agency, Korea.

이 책의 한국어판 저작권은 팝 에이전시(POP Agency)를 통한 저작권사와의 독점 계약으로 봄나무가 소유합니다.
저작권법에 의하여 한국 내에서 보호를 받는 저작물이므로 무단 전재와 무단 복제를 금합니다.

이것저것 공룡들의 하루

2024년 5월 9일 초판 발행 | 마이크 바필드 글 • 폴라 보시오 그림 • 김성훈 옮김

펴낸이 김기옥 • 펴낸곳 봄나무 • 아동 본부장 박재성
마케터 서지운 • 제작 김형식 • 지원 고광현 • 디자인 나은민 • 인쇄·제본 민언프린텍
등록 제313-2004-50호(2004년 2월 25일)
주소 121-839 서울시 마포구 양화로 11길 13(서교동, 강원빌딩 5층)
전화 02-325-6694 • 팩스 02-707-0198 • 이메일 info@hansmedia.com
• 봄나무 인스타그램 https://www.instagram.com/_bomnamu

도서주문 한즈미디어(주)
주소 121-839 서울시 마포구 양화로 11길 13(서교동, 강원빌딩 5층) • 전화 02-707-0337 • 팩스 02-707-0198
ISBN 979-11-5613-222-6 (73400)

• 이 책 내용의 일부 또는 전부를 사용하려면 반드시 저작권자와 봄나무 양측의 동의를 얻어야 합니다.
• 책값은 뒤표지에 있습니다.
• 잘못 만들어진 책은 구입하신 서점에서 교환해 드립니다.

이것저것 공룡들의 하루

다른 선사시대 동물들도!

마이크 바필드 글 | 폴라 보시오 그림 | 김성훈 옮김

차례

들어가며 　　　　　　　　　　　　　　8

동물의 등장　　　　　　　　　　　9
차니아　　　　　　　　　　　　　　10
살아있는 전설: 해파리　　　　　　　11
아노말로카리스　　　　　　　　　　12
삼엽충　　　　　　　　　　　　　　14
오파비니아　　　　　　　　　　　　16
이야기로 남은 전설: 캄브리아기 미인대회　17
살아있는 전설: 거미불가사리　　　　18
이야기로 남은 전설: 깊은 바다　　　19
유립테루스　　　　　　　　　　　　20
살아있는 전설: 좀벌레　　　　　　　22
실러캔스　　　　　　　　　　　　　23
둔클레오스테우스　　　　　　　　　24
틱타알릭　　　　　　　　　　　　　26
이야기로 남은 전설: 기상천외 패션쇼!　27
아트로플레우라　　　　　　　　　　28
살아있는 전설: 하루살이　　　　　　30
힐로노무스　　　　　　　　　　　　31
메가네우라　　　　　　　　　　　　32
이야기로 남은 전설: 석탄기 말기 패션쇼　34
디플로카울루스　　　　　　　　　　35
디메트로돈　　　　　　　　　　　　36
이야기로 남은 전설: 끝장나다　　　38

공룡의 시대　　　　　　　　　　39
리스트로사우루스　　　　　　　　　40
살아있는 전설: 투아타라　　　　　　41
코엘로피시스　　　　　　　　　　　42
이야기로 남은 전설: 되살아나다!　　44
리드시크티스　　　　　　　　　　　45
알로사우루스 대 스테고사우루스　　46
살아있는 전설: 투구게　　　　　　　48

브라키오사우루스	49
디플로도쿠스	50
시조새(아르카이오프테릭스)	52
람포린쿠스(익룡)	53
이야기로 남은 전설: 쥐라기 공원 한구석	54
플레시오사우루스	55
아마르가사우루스	56
스피노사우루스	57
프테라노돈(나도 익룡)	58
데이노수쿠스	59
모사사우루스	60
파라사우롤로푸스	62
벨로키랍토르	63
살아있는 전설: 바다 삼총사	64
카르노타우루스	65
안킬로사우루스	66
티라노사우루스 대 트리케라톱스	68
이야기로 남은 전설: 백악기의 기발한 작품	70

소행성 충돌 이후   71

티타노보아뱀	72
코리포돈	73
암블로세투스	74
살아있는 전설: 유럽뱀장어	75
아르카에오테리움	76
메갈로돈	78
포루스라코스	80
살아있는 전설: 호아친새	81
이야기로 남은 전설: 털북숭이 클럽	82
오스트랄로피테쿠스	83
메가테리움	84
털북숭이 매머드 대 네안데르탈인	86
다이어늑대	88
도도새	89
이야기로 남은 전설: 인생 교훈	90
살아있는 전설: 인간	91

용어 설명   92
시간대   94

들어가며

이건 그냥 책이 아니라 타임머신이야!
뒤이어 나올 이야기로 뛰어 들어가면
우리는 수억 년의 시간을 거슬러 올라가
지구에 앞서 살았던 수많은 동물을 만나게 될 거야.

'선사시대'는 사람들이 역사를
글로 기록하기 이전의 시간을 말해.
사람이 등장하기 전에도 온갖 이상하고 놀라운 동물들이 살았었지.
우리는 화석을 통해서만 그 동물들에 대해 알 수 있어.
과학자들은 바위에 남은 이 화석을 단서로 삼아
과거의 모습을 그리지.

이 책은 구할 수 있는 최고의 정보로
놀라운 동물들을 되살려내어 그들의 이야기를 전하고 있어.
이런 이야기들과 함께 선사시대에 어떤 멋진 동물들이 살았는지
안내하는 '이야기로 남은 전설' 코너와
아직도 우리와 함께 살고 있는 고대의 종을 소개하는
'살아있는 전설' 코너도 있어.

맞아! 공룡을 만나 볼 거야.
하지만 살인 새우, 무시무시한 물고기, 걸어 다니는 고래,
그리고 유인원과 비슷한 우리의 선조도 만나 볼 거야.
그럼 이제 자리에 앉아서 안전벨트 단단히 매고
타임머신의 시간대를 '선사시대'로 맞춰 보자.
그럼 이제 출발!

동물의 등장:
고생대

지구 위의 생명은 40억 년 전 즈음에 시작됐어.
생명이 어떻게 시작됐는지는 아무도 모르지만
작은 미생물이 복잡한 동물로 진화하는 데는 수십 억 년이 걸렸지.

이번 장에서는 어머니 대자연이 제일 먼저 해본 실험에 대해 알아볼 거야.
실험이란 게 그렇듯이 어떤 실험은 잘못돼서
해당 동물은 '멸종'이라는 과정을 통해 사라졌지.

과학자들은 화석이 발견된 바위를 조사해서 연대를 알아낼 수 있어.
동물은 선캄브리아기라는 아주 머나먼 시절에 바다에서 처음 등장했지.
그리고 불과 2억 년 후에는 동물이 처음으로 육지에 첫발을 내딛었어!

이제 여러분의 가장 오래된 친척들을 만나 볼 테니까 기대해!

'기'와 '대'

'기(period)'라는 시간이 한데 모여 더 긴 시간인 '대(era)'를 이뤄.
이 책을 읽다가 지금 읽고 있는 내용이 어느 '기'에 해당하는지 알고 싶으면
위쪽 구석을 확인하면 돼. 온갖 '기'와 '대'가 어떻게 연결되어 있는지
확인하고 싶으면 94쪽의 '시간대'를 확인해 봐.

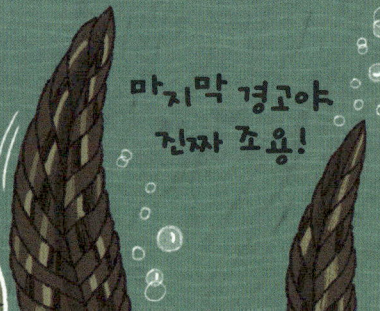

이야기로 남은 전설	# 캄브리아기 미인대회
	캄브리아기 동안 생명은 온갖 기이한 생김새를 시도해 보았지. 모두가 성공적이지는 않았고, 그중에는 정말 이상한 것도 있었어.

머리야, 꼬리야?

달팽이 비슷한 위왁시아는 5센티미터 정도의 길이에 몸을 보호하는 가시와 비늘로 덮여 있었어. 확실히 머리라고 할 만한 것이 없어서 다가오는 건지 멀어지는 건지 알기 어려웠지.

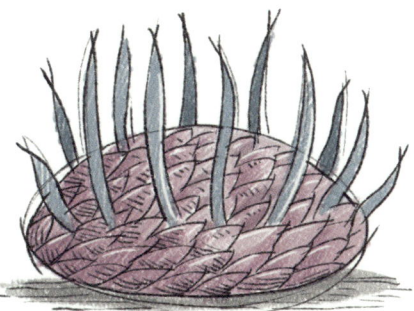

악몽 속의 괴물!

할루키게니아는 환각의 동물이란 의미야. 이름도 잘 지었지. 악몽에서나 나올 법한 괴상한 몸을 하고 있어. 처음에는 과학자들이 등에 난 가시를 다리라고 생각했지 뭐야.

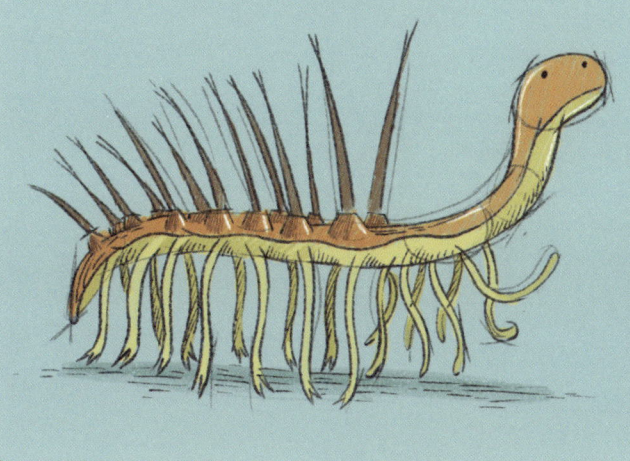

다리 올려!

마렐라는 최초의 절지동물* 중 하나야. 길이는 2센티미터 정도이고 다리로 움직이기만 한 게 아니라 숨도 쉬었어.

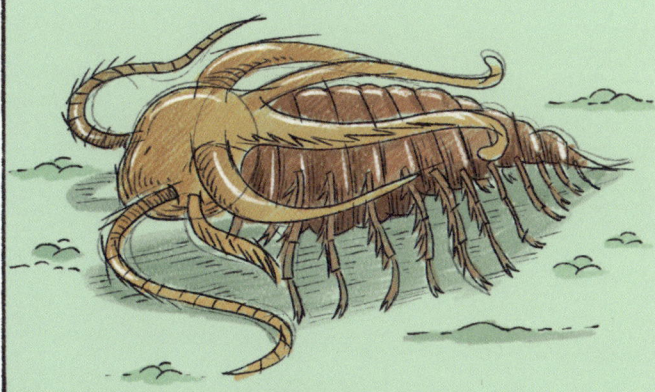

*절지동물은 관절로 된 다리, 체절이 있는 몸통, 외골격(단단한 바깥 덮개)을 갖춘 동물이야. 바닷게, 곤충 등이 해당하지.

꼼지락꼼지락!

피카이아는 유명한 초기 동물이야. 길고 얇은 몸통에 일종의 원시적인 등뼈가 있었어. 그것을 이용해서 장어처럼 헤엄쳤을지도 몰라.

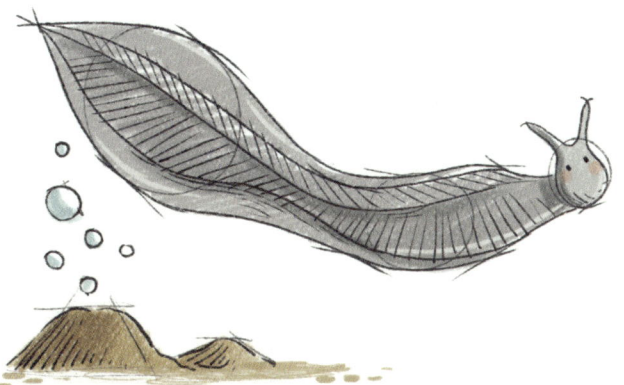

이야기로 남은 전설	깊은 바다
	오르도비스기는 4억 4,400만 년 전에 끝났어. 끝이 좋지 않았지. 기후 변화 때문에 생명의 절반 정도가 멸종했으니까. 그 와중에도 정말 멋들어진 동물들이 있었어.

대식가

2미터가 넘는 아에기로카시스는 오르도비스기에 지구 최대의 동물이었어. 하지만 큰 몸집에도 불구하고 떠다니는 작은 플랑크톤을 먹고 살았지.

최초의 물고기

아란다스피스는 제대로 된 등뼈를 갖춘 최초의 동물이었어. 턱이 없는 원시어류였던 이 동물은 지느러미가 없어서 아마 올챙이처럼 꼬리를 꿈틀거려 헤엄쳤을 거야.

꿈틀!

꽃 피우는 동물?

바다나리는 오르도비스기에 나타났어. 줄기가 달린 여과섭식동물인 바다나리는 오늘날에도 볼 수 있고, 불가사리와 친척이지만 식물을 더 닮았지. 바다나리라고 부르는 이유를 알겠네.

고깔 쓴 문어

엔도케라스는 오르도비스기의 최상위 포식자였고, 지나가는 먹잇감을 촉수로 잡아먹었지. 이 동물은 문어의 먼 친척인데, 2미터 넘게 자라는 고깔 모양의 껍질이 있었지.

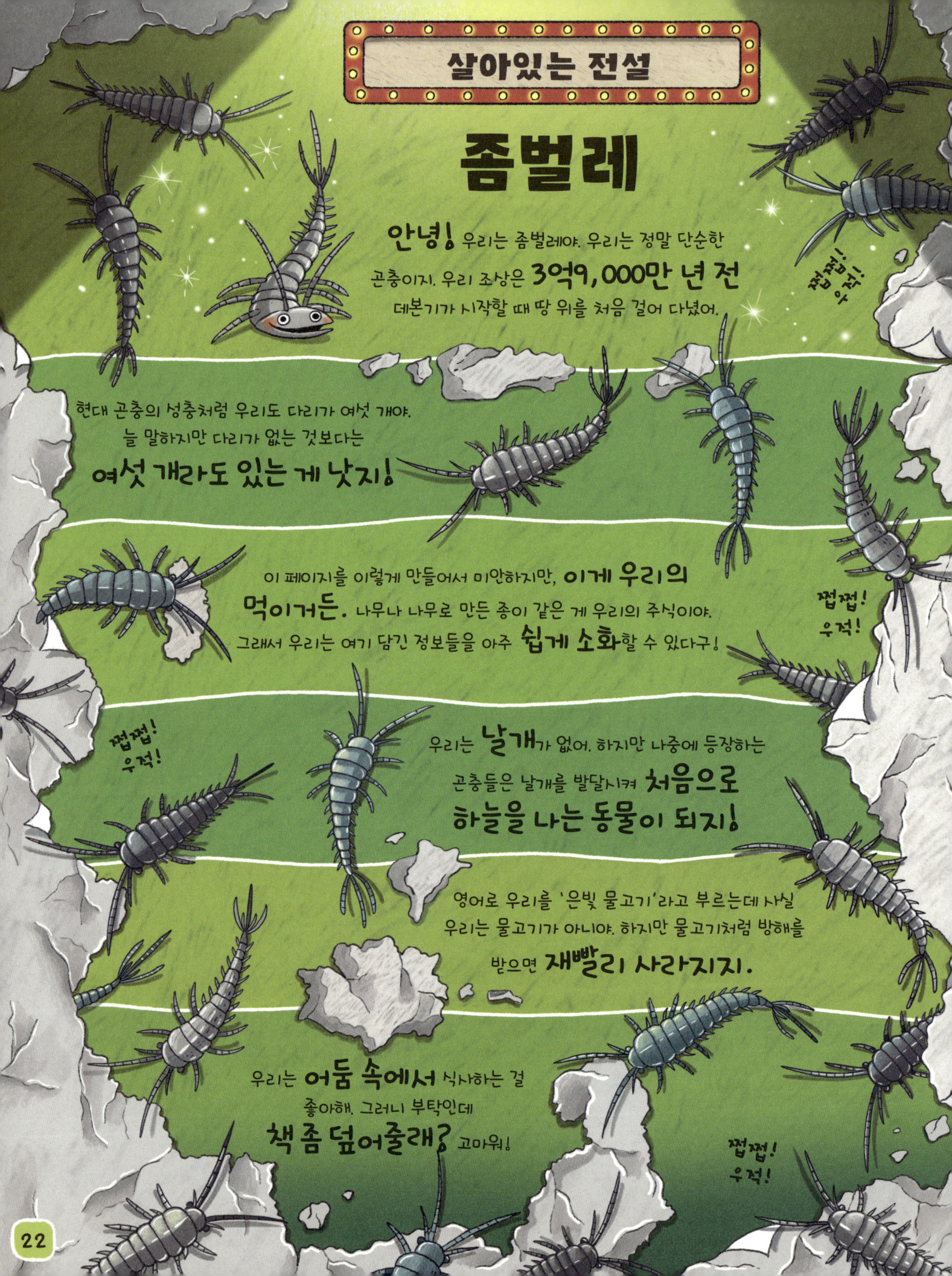

| 데본기 | # 둔클레오스테우스 | 3억8,000만 년 전 바다 밑에는… |

안녕들! 난 둔클레오스테우스야! 너를 먹어서… 아니… 만나서 반가워.

나는 물고기, 삼엽충, 암모나이트(껍질 포함) 등 마주치는 건 가리지 않고 다 먹어. 전부 으드득 씹어 먹지!

물고기 / 삼엽충(14~15쪽) / 암모나이트

거의 9미터나 되는 나는 지금 여기서는 말 그대로 가장 큰 물고기지. 저기 상어 비슷한 고기들 보여? 저 녀석들도 내게는 아침식사거리야.

어림없는 소리!

잘 해보라고, 돌대가리 친구!

클라도셀라케

난 몸집만 큰 게 아냐. 내 이마에는 두터운 뼈로 된 장갑판이 있다고!

뼈로 된 이마

그렇다고 감히 내게 '돌대가리'라니!

이상하게도 내게는 이빨이 없어. 대신 뼈로 된 이 날카로운 송곳니가 있지.

가까이서 보여줄까?

뼈로 된 송곳니

내가 입을 벌리고 닫을 때마다 저절로 날카로워지지.

정말 가까이서 보고 싶지 않아?

이야기로 남은 전설	# 기상천외 패션쇼! '어류의 시대'는 파격적이고 새로운 패션의 시대이기도 했어. 여기서 데본기 최첨단 디자이너들의 작품들을 구경하자고!

납작머리

스테타칸투스는 등에 가시가 돋친 다리미판 같은 지느러미가 나 있던 상어 비슷한 물고기야. 수컷에만 있던 걸 보면 암컷이 보기에 멋져 보였나 봐!

코 좀 높여주세요!

올포스테우스는 잘 빠진 유선형의 몸매에 장갑을 두른 둔클레오스테우스(24~25쪽)의 사촌이야. 15센티미터짜리 이 물고기는 큰 눈과 긴 코를 갖고 있었어. 이 코는 아마도 냄새로 먹잇감을 찾는 데 썼을 거야.

신선한 공기로 숨쉬기

디프테루스는 폐어라는 현대 어류의 초기 선조였어. 아가미가 있었지만 지느러미로 뭍에 올라와 공기로 호흡할 수 있었지. 보라, 땅이여! 폐의 등장이 머지않았노라!

앞다리

지느러미 대신 손가락을 갖고 있었던 이크티오스테가는 네발동물의 선구자인 사지형어류였어. 이 앞다리는 땅 위에서 몸을 앞으로 당기며 움직이는 데 사용한 것 같아.

27

아트로플레우라

석탄기

3억 2,000만 년 전 나무고사리 열대우림에는…

나는 괴물 노래기 아트로플레우라야. 역사상 가장 큰 육상 무척추동물이지!

우르릉! 우르릉!

나는 폭이 50센티미터, 길이는 2.5미터야. 요즘 자동차 길이지!

우르릉! 우르릉!

나 다리 진짜 많지? 쌍쌍이 엄청 많아!

웨이브! 꿈틀꿈틀!

지금은 공기에 산소가 정말 풍부해. 그래서 나 같은 미니 야수가 거대 야수로 자라도 숨 쉬는 데 문제가 없지.

게다가 나는 몸집 큰 네발 포식자를 피하기 위해 작아질 필요도 없어. 아직은 그런 동물이 나오지 않았거든!

적어도 내가 아는 건 없어.

28

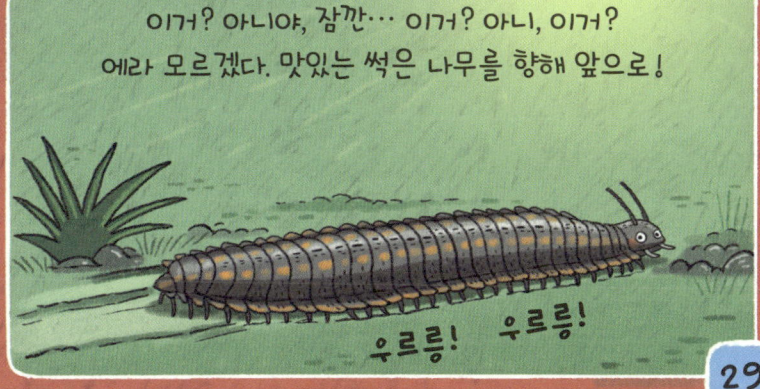

이야기로 남은 전설	# 석탄기 말기 패션쇼
	석탄기 말기는 마침내 3억 년 전에 끝을 맞이했어. 여기에서 오래 전 사라진 네 가지 동물을 소개할게.

물속 날개

스쿠아티나크티스는 상어처럼 생긴 특이한 물고기였어. 요즘 가오리처럼 '날개'로 헤엄쳤지. 아마도 바다 밑바닥에 숨어 있다가 앞으로 튀어 나가서 지나가던 먹잇감을 잡았을 거야.

막강한 턱

3미터까지 자라는 오피아코돈은 머리가 큰 강력한 육상 포식자였어. 이름은 '뱀 이빨'이라는 뜻이야. 턱에 작고 날카로운 이빨이 가득 나 있거든.

엄청난 대식가

에리옵스는 두터운 다리, 육중한 몸통을 자랑하고, 입안 가득 뒤쪽 방향으로 이빨이 나 있던 거대한 양서류야. 이런 이빨 때문에 한번 물면 먹잇감이 도망치지 못하고 목구멍으로 넘어갔지.

어라! 다리가 없다!

이 시기의 일부 육상 동물은 오늘날의 뱀처럼 다리가 없었어. 레티스쿠스는 다리가 없는 양서류야. 땅 속 굴에서 살았을 것으로 여겨지고 있지.

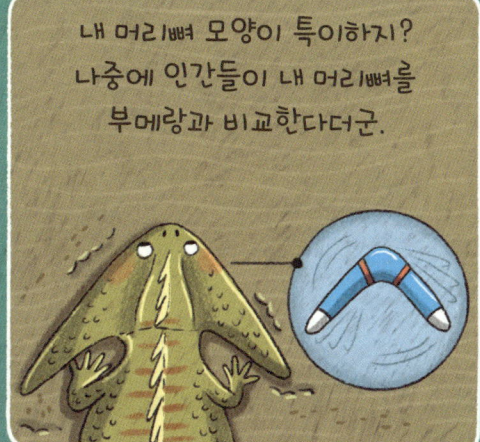

이야기로 남은 전설	# 끝장나다
	페름기는 대부분의 해양생물과 전체 육상동물의 3/4이 멸종하면서 끝났어. 얄궂은 운명의 이 네 동물도 마찬가지야.

탱크의 조상

스쿠토사우르스는 몸에 뼈판으로 장갑을 두르고 머리에는 가시가 돋아있는 파충류였어. 느리게 움직이며 식물을 먹는 탱크처럼 생긴 이 동물의 거친 표피는 포식자로부터 동물을 지켜주었지.

박치기 대장

거대한 모스콥스는 무리를 지어 풀을 뜯어먹는 초식동물이었어. 모스콥스는 라이벌끼리 머리를 박치기하면서 싸웠던 것 같아.

송곳니 클럽

이노스트란케비아는 섬뜩한 미소를 지으며 긴 송곳니를 자랑하는 포식자였어. 무시무시한 위쪽 송곳니가 15센티미터까지 자랐지.

뜀뛰기 도마뱀

바이겔티사우루스는 몸통 양쪽에 날개처럼 펼칠 수 있는 막이 있어서 활공이 가능한 도마뱀 같은 동물이었어.

공룡의 시대:
중생대

페름기 대멸종은 가장 유명하고 무시무시한 선사시대 동물,
즉 공룡이 등장할 수 있는 길을 닦아주었지.

공룡은 트라이아스기 말기로 알려진 시기에 발달해 나왔고,
공룡과 그 파충류 친척들이 1억5,000만 년 동안
땅과 바다와 하늘을 지배했어.

중생대의 주인공이 공룡만은 아니었어. 최초의 새가 하늘을 날고,
포유류라는 작은 털북숭이 동물도 등장하기 시작했지.

공룡의 시대가 슬프게 막을 내렸다는 건 여러분도 알 거야.
하지만 이 장에서 보듯이 이 시대에는 놀라운 동물도 많았지.

트라이아스기 — 코엘로피시스

2억 2,000만 년 전 어느 사막에는…

이야기로 남은 전설

되살아나다!

페름기의 재앙 이후로 생명이 드디어 회복됐어. 트라이아스기는 5,000년 동안 이어졌고, 그 과정에서 강력한 동물들도 나타났지. 여기 트라이아스기가 실험한 네 가지 동물을 소개할게.

면발처럼 길쭉한 목

타니스트로페우스는 물고기를 먹는 파충류였어. 목이 정말 길었지. 사실 목이 3미터나 돼서 전체 몸길이의 절반이나 차지했어. 어쩌면 머리의 무게를 감당하기 위해 물속에 살아야 했는지도 몰라. 아니면 뚝 부러질 수도 있으니까!

거북이의 등장!

오돈토켈리스는 처음 등장한 가장 원시적인 거북이였어. 아래쪽에만 딱딱한 껍질이 있었지. 아마 밑에서 도사리는 포식자로부터 보호하려고 했나 봐.

등에 달린 부채

롱기스쿠아마는 등에 긴 비늘이 부채처럼 나 있는 15센티미터짜리 파충류였어. 그 비늘은 하늘로 뛰어오를 때 추가적으로 몸을 띄워주는 역할을 했을지도 몰라.

포유류인가?

모르가누코돈은 트라이아스기 말기에 나타난 뒤쥐처럼 생긴 동물이었어. 화석을 보면 포유류처럼 털이 나 있고, 새끼에게 젖을 먹인 것 같아. 하지만 파충류처럼 알을 낳았어. 현대의 오리너구리와 비슷한 동물이었지.

리드시크티스

1억 7,000만 년 전 바닷속 어딘가에는…

쥐라기

* 아직도 깨지지 않았어!

쥐라기
알로사우루스 대 스테고사우루스
1억 5,300만 년 전 양치식물로 뒤덮인 평원에는…

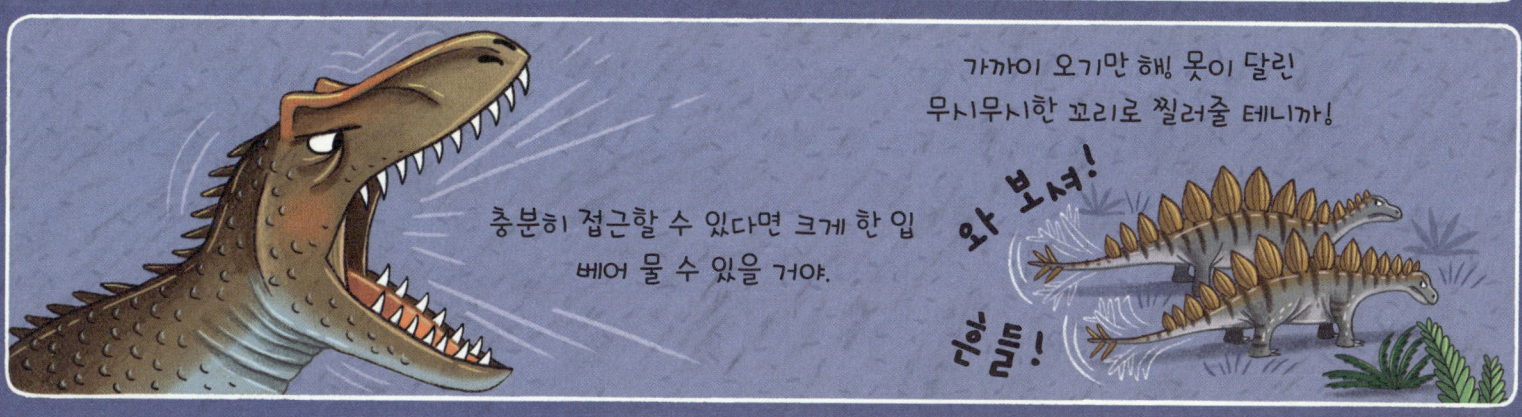

브라키오사우루스

쥐라기

1억 5,200만 년 전 평원에는…

람포린쿠스 (익룡)

1억 4,700만 년 전 바닷가 바위에는…

쥐라기

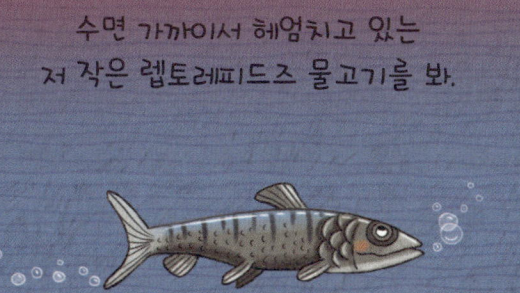

이야기로 남은 전설	## 쥐라기 공원 한구석
	자연은 쥐라기에 들어서 다시 한번 최고의 발명 솜씨를 뽐냈지. 거대한 공룡만 만들어낸 것이 아니었어. 아래 나오는 것처럼 작은 동물들도 아주 많았지.

가려워!

경고: 이 글을 읽으면 가려울 수 있습니다!
슈도풀렉스는 현대의 개벼룩보다 50배나 더 큰 원시 벼룩이야. 피하주사기처럼 생긴 입을 갖고 있어서 공룡의 피를 빨아먹었어!

뜀뛰기 선수

프로살리루스는 지금까지 알려진 최초의 개구리 중 하나야. 개구리는 초기 양서류의 긴 꼬리를 강력한 뒷다리로 바꾸었지. 그래서 앞으로 멀리 점프할 수 있었어.

이 악마 같은 건 뭐야?

그리파이아는 큰 성공을 거둔 바다 연체동물이었어. 둥글게 말린 껍질 안에서 살았지. 화석으로 흔히 발견되는데 그 모양 때문에 '악마의 발톱'이란 별명이 붙었어!

땅 파기 선수

프루타포소르는 현재의 햄스터 크기 정도 되는 작은 포유류였어. 흰개미를 잡아먹었던 것으로 보이고 근육질의 앞다리로 땅을 팠던 것 같아.

플레시오사우루스

1억 4,500만 년 전 따뜻한 바다에는…

백악기

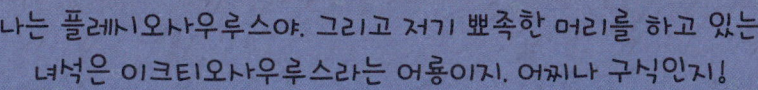

나는 플레시오사우루스야. 그리고 저기 뾰족한 머리를 하고 있는 녀석은 이크티오사우루스라는 어룡이지. 어찌나 구식인지!

무슨 소리야?

이크티오사우루스는 '물고기 도마뱀'이라는 뜻이야. 우리 둘 다 해양파충류지만, 저 녀석은 등에 지느러미가 달려서 물고기에 더 가까워 보여.

나한텐 잘 어울리는 거 같은데.

이크티오사우루스는 너무 구식이라서 물고기처럼 꼬리로 헤엄쳐.

우린 트라이아스 초기부터 이렇게 살았다고.

내 말이! 트라이아스기는 벌써 1억 년 전이야. 플레시오사우루스는 최신 유행의 지느러미발이 네 개 있지. 노를 저을 수 있다고!

힘차게 노를 젓자!

노 젓기!
퍼덕!

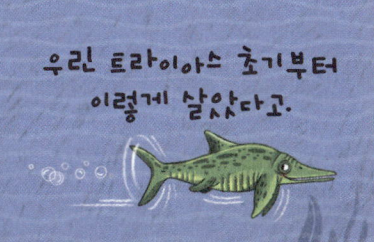

너희 이크티오사우루스는 파충류이면서 물고기에 가까워서 수상하단 말이지!

흥! 물고기는 잡아먹을 때나 가깝지.

그런데 문제는 물고기를 잡기가 힘들다는 거야.

천천히 가!
미쳤냐?

나처럼 목이 긴 플레시오사우루스는 지나가는 물고기를 손쉽게 잡을 수 있거든!

와락!
불공평해!

분명 지금 당장은 우리가 물속의 최상위 포식자일 거야.

그건 네 생각이지!
파닥!
으!
플리오사우루스
하하!

백악기

아마르가사우루스
1억 2,500만 년 전 지금의 남미 대륙 어느 숲에는…

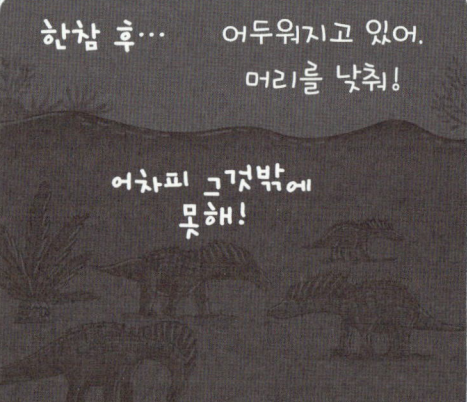

스피노사우루스

9,500만 년 전 지금의 아프리카 어느 늪에는…

백악기

백악기
프테라노돈 (나도 익룡)
8,500만 년 전 얕은 바다 위 어느 바위섬에는…

데이노수쿠스

8,500만 년 전 지금의 북미 대륙 어느 강가에는…

백악기

쉿! 내가 있다고 말하지 마!

나는 10미터짜리 데이노수쿠스야. '무시무시한 악어'라는 뜻이지. 나는 '충격의 악어'란 별명이 더 좋아.

이 하드로사우루스는 분명 충격을 받을 거야. 나는 주변에서 가장 큰 포식자라서 공룡쯤은 손쉽게 잡아먹지.

물이 아주 시원해 보이네.

내 이빨은 바나나만큼 크고, 무는 힘도 역사상 가장 강력하지. 물려 보면 알아!

으억! 깍!
떨컥!

이 부분은 시간이 좀 걸리니까 이해해 줘.

영차! 끌려간다!

한 달 후…

쉿! 내가 있다고 말하지 마!

물이 참 시원해 보이네. 내 친구가 좋아했었지. 그 친구는 뭐하고 있을까?

59

파라사우롤로푸스

백악기

7,500만 년 전 지금의 북미 대륙 어느 늪에서는…

벨로키랍토르

7,300만 년 전 지금의 몽고 지역 건조하고 먼지 많은 사막에는…

백악기

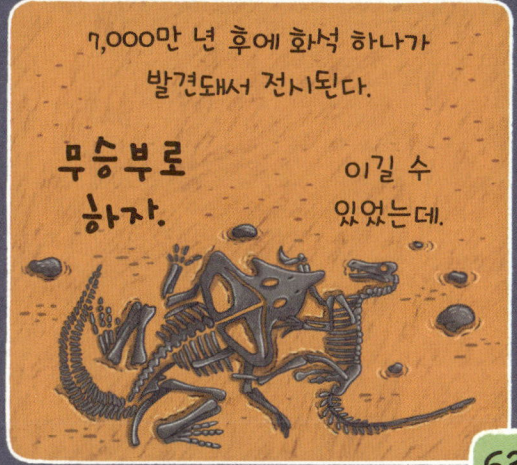

| 백악기 |

안킬로사우루스

6,800만 년 전 지금의 북미 대륙 어느 삼림지대에는…

백악기 — 티라노사우루스 대 트리케라톱스

6,600만 년 전 지금의 북미 대륙 어느 숲에는…

안녕! 또 나야. 66, 67쪽에 나온 티라노사우루스 렉스지. 내 이름의 의미는 '폭군 도마뱀'이야. 내가 도마뱀은 아니지만 나를 잘 표현하는 이름이지. 여기서는 내가 왕이야!

안녕! 나는 트리테라톱스야. 내 이름은 '뿔 세 개 달린 얼굴'이란 뜻이지. 맘에 들지는 않지만 정확한 이름이지.

우리 티라노사우루스는 암컷이 수컷보다 커. 12미터나 되는 역사상 가장 무거운 육상동물 중 하나지. 소리도 얼마나 무서운데! 크앙!

저 티라노는 폼만 잡을 줄 알지. 진짜 대장은 나야. 나는 수컷이야. 머리뼈가 몸의 1/3이나 되는데 아가씨들이 다들 멋지대. 어머, 잘생겼당!

내 강력한 턱을 봐. 나는 바나나만 한 이빨이 60개나 있어. 아무리 단단한 뼈도 내 이빨을 만나면 결국은 똥이 돼지. 냄새!

흥, 그게 뭐? 나는 뿔 같은 부리로 이 질긴 양치식물도 사정없이 갈아먹을 수 있어. 게다가 내 똥은 씨앗을 퍼뜨리는 역할도 하지. 우적! 냄새!

내 똥만 냄새가 나는 줄 알아? 이빨 사이에 낀 썩은 고기들도 입냄새 끝내준다고! 악취! 구린내!

윽! 티라노의 입냄새가 난다. 가까이 있나 봐. 피하자! 쿵쿵! 쿵쿵!

이야기로 남은 전설

백악기의 기발한 작품

백악기는 프랑스 파리 크기의 소행성이 지금의 멕시코 만 가까운 지역에 충돌하면서 막을 내렸어. 여기서 백악기의 몇몇 동물들을 살펴보자고.

암모나이트의 퇴장

껍질이 종이 클립 모양이었던 디플로모케라스, 이상한 악기처럼 생겼던 디디모케라스 등의 암모나이트가 모두 멸종했어.

빅 마우스

니제르사우루스는 지금의 아프리카 지역에서 사라진 공룡이야. 활짝 미소 짓는 큰 입을 갖고 있었고, 식물을 뜯어먹는 이빨 500개가 줄줄이 나 있었지. 하나하나 이를 닦는다고 상상해 봐!

킬러 양서류

쿨라수쿠스는 백악기 초기의 자동차 크기만 한 양서류였어. 지금의 호주 지역에 살았고, 송곳니가 잔뜩 돋은 쓰레기통 뚜껑 같은 머리로 공룡을 잡아먹고 살았지.

달려라 유인원!

푸르가토리우스는 백악기 대재앙에서 살아남은 다람쥐 비슷한 포유류였어. 치아를 보면 유인원의 초기 조상일지도 몰라. 그럼 우리의 조상이지!

소행성 충돌 이후:
신생대

공룡이 전멸하면서 그 가까운 친척인 조류가 남아
그 유산을 이어가게 됐어. 하지만 사실 진짜로 주목받을 존재는
작은 뒤쥐 같이 생긴 포유류였지.

몸집이 큰 털북숭이 짐승들이
번성하던 풀과 꽃 식물을 마음껏 먹었지.
그리고 뼈를 으스러뜨리는 강력한 턱과
거대한 송곳니를 가진 포식자들이 다시 이 초식동물을 잡아먹었어.

어떤 포유류는 말 그대로 거대했지만
가장 큰 영향을 미칠 동물은 유인원을 비롯한 이 작은 동물들이었어.
도도새는 이 뼈아픈 교훈을 몸소 체험했지.

이번 장에서는 최신의 동물들을 다룰 거야.
지금 이 세상을 지배하는 동물은 누구일까?
그리고 우리가 과거로부터 배워야 할 것은 무엇일까?
계속 읽고 판단해 보자고!

티타노보아뱀

고제3기

6,000만 년 전 지금의 콜롬비아 지역 열대 늪지에는…

어라? 내가 보여? 숨으려고 했더니.

지구 역사상 가장 큰 뱀이 몸을 숨기기는 쉽지 않지. 못 믿겠다고? 그럼 가까이 봐봐.

길이만 13미터에 가운데 몸통 굵기는 1미터나 돼. 내가 있는데 공룡이 왜 필요해?

이 보아뱀처럼 작은 뱀은 먹잇감을 조여서 질식시키지.

숨… 숨을 못 쉬겠어!

나는 그냥 얼굴만 보여줘도 애들이 숨을 못 쉬어!

여기서 나가자!

스르르!

하지만 귀찮게 추격할 생각은 없어. 대신 물가에서 기다리면서 뭐가 오나 봐야지… 이 케레요니수쿠스처럼!

에고! 여기가 아닌가 보다!

악어처럼 생긴 놈이 참 맛나네!

우걱! 어그걱!

꿀꺽!

나처럼 몸집이 크면, 언제든 한 마리쯤은 더 먹을 수 있지!

불룩!

아이고! 여기가 아닌가 보네!

코리포돈

5,500만 년 전 지금의 북미 대륙 어느 습지 삼림에는…

고제3기

안녕! 우리는 코리포돈이야.
우리가?

맞아. 포유류가 주로 뒤쥐 같은 작은 동물이었던 공룡 시절 기억 나?
아니?

나도 기억은 안 나. 하지만 지금 우리를 봐. 1,000만 년 만에 2미터가 넘는 거대한 포유류가 됐어.
미터가 뭔데?

나도 몰라. 하지만 우리가 큰 것은 분명해. 걱정할 포식자도 없는데 왜 이런 거대한 상아가 있는지 궁금할 거야.

우리 상아도 쓸모가 있어. 이 맛있는 늪지 식물을 훑어 먹을 수 있게 해주지.
어그적! 우적!!

우리는 몸집은 크지만 뇌는 작아.

우리 뇌가 이렇게 작은 이유를 알았으면 좋겠지만 모르겠어. 뇌가 작아서 그런가.

잠시 생각해 보자.
낄끈! 낄끈!

이제 저기 가서 좀 먹어 볼까?
좋지!

맙소사. 우리 진짜 느리지 않냐?
여러 모로 그렇지!
쿵! 쿵!

하지만 이 맛있는 식물을 먹을 때는 빠르지!
우적우적!

73

| 신제3기 | # 메갈로돈 | 약 2,000만 년 전 전 세계 따뜻한 바다 어디든…

안녕? 난 오토두스라는 17미터짜리 초대형 상어야. 짜잔!

처음 듣는 이름이라고? 메갈로돈은 들어봤지? 그게 나야.

메갈로돈은 '큰 이빨'이란 뜻이야. 내 입에만 이빨이 250개 넘게 있어. 여기 내가 흘린 이빨을 실제 크기로 하나 보여주지!

설마 이렇게 큰 것을 흘리고 다닐까 싶겠지만 사실 이빨은 계속 떨어져 나와. 이크, 또 하나 빠졌다.

하지만 걱정 마. 더 많은 이빨이 나오는 중이니까. 폭이 3미터나 되는 내 입안을 가까이 들여다봐!

내 무는 힘은 공룡 이후로 아마도 제일 강할 거야.

나 기억 나?

그래서 그 어떤 바다짐승도 먹이로 삼을 수 있지. 이런 고래도 예외는 없어!

이크! 메갈로돈이다!

포루스라코스

신제3기 · 1,500만 년 전 지금의 아르헨티나 지역 초원에는…

이야기로 남은 전설	# 털북숭이 클럽
	공룡 이후의 세계는 대부분 포유류가 차지했어. 어떤 포유류는 몸집을 키웠고, 어떤 것은 뿔을 키웠지. 어떤 것은 작은 몸을 유지하면서도 뿔을 키웠어! 여기 신생대의 멋진 포유류 4종을 소개할게.

턱에 난 상아

데이노테리움은 1,000만 년 전 아프리카와 유럽의 땅을 뒤흔들고 다녔지. 지금의 아프리카코끼리보다 두 배나 무겁고, 상아가 턱에 나 있었어. 아마도 가지를 뜯어내서 더 맛있는 이파리를 먹는 용도였을 거야.

미니 원숭이

에오시미아스는 현대 원숭이와 사람의 초기 조상이었어. 4,000만 년 전에 중국에서 살았지. 몸길이가 12센티미터 정도로 정말 심각하게 작았어.

땅다람쥐

땅다람쥐처럼 생긴 30센티미터 길이의 케라토가울루스는 지금까지 발견된 뿔 달린 포유류 중 제일 작아. 이 동물은 1,000만 년 전에 굴속에서 살았고, 뿔은 굴속을 엿보는 포식자를 물리치는 용도로 사용했을 거야.

잡식동물

암피키온은 전 세계 곳곳에서 발견되는 몸집 큰 육식동물이었어. 곰과 개를 합쳐 놓은 것처럼 보이는 이 동물은 무시무시한 이빨을 갖고 있었지만 잡식동물이었을 가능성이 높아. 고기뿐만 아니라 식물도 먹었다는 뜻이야.

오스트랄로피테쿠스

300만 년 전 아프리카 남부에는…

신제3기

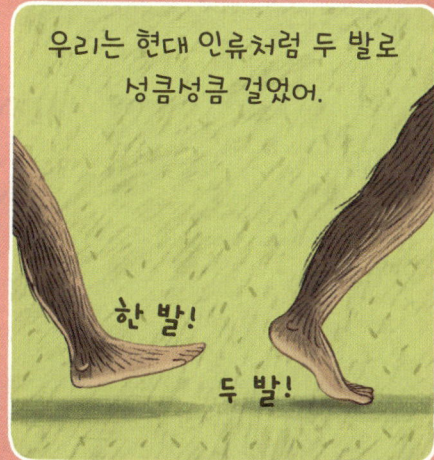

83

제4기 — 메가테리움

200만 년 전 지금의 남미 대륙 볼리비아 초원에는…

안녕, 나는 메가테리움이야. 풀을 뜯어먹는 거대한 땅늘보지.
우적! 쩝쩝!

늘보는 '움직임이 느리다'라는 의미야. 메가테리움은 '거대한 짐승'이라는 의미고. 그러니 꽤 정확한 이름이야. 내 길이는 6미터가 넘어!
터벅!

나는 길이만 긴 게 아니라 키도 커! 이런 식으로 일어설 수 있지. 나는 살아있는 삼각대처럼 꼬리로 균형을 잡아.

사실 나는 두 다리로 걸었던 사상 최대의 포유류인지도 몰라.
우적! 터벅!

그래서 이렇게 높이 달린 맛난 이파리도 먹을 수 있지. 큰 발톱을 이용해서 가지를 아래로 구부릴 수 있거든.

이건 뭐지? 아하, 큰 아르마딜로인 글립토돈이로군. 이 동물은 크고 무거운 껍질 때문에 땅에 있는 식물만 뜯어먹을 수 있어.

맞아, 하지만 무거운 껍질도 다 쓸모가 있지.

제4기 다이어늑대

1만5,000년 전 미국 캘리포니아 지역 라브레아 타르 연못에는…

이야기로 남은 전설

인생 교훈

멸종은 자연스러운 일이야.
수십 억 년 동안 여러 동물이 등장하고 사라졌지.
인간이 관여한 측면도 없지 않지만, 이 네 종의 동물은 지난 세기에 멸종하고 말았어.

혈통의 종말

나그네비둘기는 한때 북미 대륙에서 제일 많은 새였어. 하지만 30억 마리나 되던 나그네비둘기는 사냥 때문에 마샤라는 암컷 한 마리만 남았지. 그리고 마샤도 1914년 한 동물원에서 죽고 말았어.

나도 호랑이?

태즈메이니아 호랑이라고도 하는 티라신은 호주 토종의 육식 유대류였어. 마지막 개체로 알려진 티라신은 1936년에 죽었지만 그 후로도 목격했다고 주장하는 사람이 있어. 과연 태즈메이니아 호랑이가 살아남았을까?

두꺼비의 종말

황금두꺼비는 코스타리카 고산지대 운무림에 살았었지. 크기가 겨우 40밀리미터 정도로 작았지만 무척 아름다웠어. 하지만 황금두꺼비는 1989년을 마지막으로 더 이상 보이지 않아. 이들도 개구리처럼 울었을까?

다시 부활?

뿔 달린 몸집 큰 유럽 염소인 피레네 아이벡스는 얼마 전인 2000년에 멸종했어. 멸종한 이유는 불분명하지만 과학자들은 마지막 아이벡스에서 얻은 세포를 이용해서 이 동물을 되살려내려고 노력 중이야. 이것을 멸종 생물 복원이라고 하지.

살아있는 전설

인간

안녕! 내 학명은 **호모 사피엔스**지만 **'인간'**으로 더 잘 알려져 있지.

인간이 지구에서 가장 성공한 동물이라 생각한다면 **다시 한번 생각해봐.** 우리가 등장한 지는 겨우 **20만 년**밖에 안 됐어. 반면 **티라노사우루스**는 200만 년이나 살았고, 해파리는 **6억 년**이나 됐어. 이 모든 생명체는 서로 연결되어 있고, 현대 인류는 오래 전 조상과 이어지는 단서를 갖고 있지. 여기, 여러분이 **직접 확인할 수 있는 단서들**을 알려줄게!

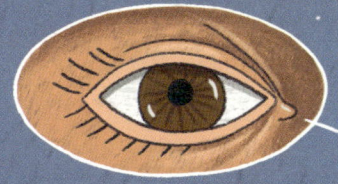

눈구석에 있는 이 **작은 주름**은 예전에 있던 **세 번째 눈꺼풀**의 흔적이야. 이 세 번째 눈꺼풀은 새, 파충류, 물고기에게 아직도 남아 있지.

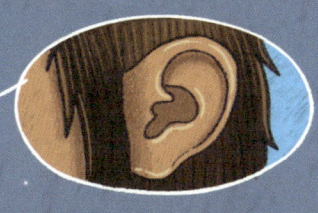

귀를 까딱일 수 있는 사람은 있지만 이제 인간은 소리가 나는 곳을 향해 귀를 움직일 수 없어. 하지만 그 움직임을 담당하던 **근육**은 남아 있지.

새로 태어난 아기는 본능적으로 **어른의 손가락을 움켜쥐어.** 이 반사작용은 아기 원숭이에서도 볼 수 있어. 아기 원숭이는 안전을 위해 **엄마의 털을 붙잡지.**

무서울 때 **닭살**이 돋으면서 **털이 곤두서는** 것은 털이 많았던 **조상들에게 나타났던 오래된 반사작용**이야. 그럼 포식자 앞에서 몸집이 더 커 보일 수 있었지.

사람은 모두 태어나기 몇 주 전에 **작은 꼬리**가 생겨. 이 꼬리뼈가 척추 끝에 **아직 붙어 있지.**

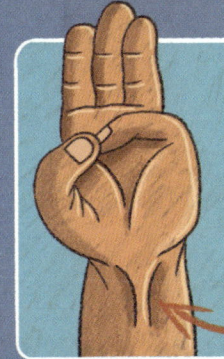

새끼손가락과 엄지손가락을 붙여 봐. 그럼 일곱 명 중 여섯 명은 손목에서 **밧줄 같은 힘줄**이 드러날 거야. 이 힘줄은 우리 선조들이 나무 사이를 움직일 때 사용하던 근육의 흔적이지. 이 힘줄이 안 보인다고 **걱정할 거 없어.** 이젠 필요 없는 거니까!

용어 설명

이 책에서 동물과 만나며 등장했던 단어들을 설명해줄게.

공룡
6,600만 년 전에 멸종한 동물 집단.
현대의 조류는 공룡의 살아있는 후손이야.

냉혈동물
체온이 주변 환경의 온도에 좌우되는 동물. 이런 동물은
주변 환경이 추울 때는 굼뜨고, 따뜻할 때는 활발해.

멸종 생물 복원
멸종된 동물 종을 되살려내려 시도하는 과학적 과정.

멸종
한 식물이나 동물 종의 모든 구성원이 사망해서
그 종이 지구에서 완전히 사라지는 현상.

무척추동물
등뼈가 없는 동물.

물고기(어류)
일반적으로 냉혈인 척추동물. 꼬리, 지느러미, 아가미를
갖고 있어서 물속에서 숨을 쉬며 살 수 있어.

새(조류)
깃털이 달린 온혈 척추동물. 이제 대부분의 과학자는
엄밀히 따지면 새가 공룡 그 자체라고 여기고 있어.

선사시대
인간이 글을 쓰는 능력을 얻어서
역사를 기록하기 이전의 시대.

소철
야자수처럼 생긴 나무 식물.

양서류
물과 육지에서 살아가는 비늘 없는 냉혈 척추동물.
개구리나 두꺼비 등 양서류 중에는
올챙이로 삶을 시작하는 동물이 많아.

온혈동물
주변 환경과 상관없이 자신의 체온을 조절하고 유지할 수 있는 동물.

육식동물
고기를 먹는 동물.

잡식동물
고기와 식물을 모두 먹는 동물.

척추동물
등뼈가 있는 동물.

초식동물
식물만 먹는 동물.

파충류
피부에 비늘이 있고 알을 낳는 냉혈동물.

판게아
고생대와 중생대 초기에 지구에 존재했던 거대한 초대륙. 판게아는 2억 년 전 즈음에 분리되기 시작해서 결국 오늘날의 대륙과 대양을 형성했지.

포식자
먹기 위해 동물을 잡는 생명체.

포유류
새끼에게 젖을 먹이는 척추동물. 전부는 아니지만 대부분의 포유류는 알을 깨고 나오지 않고 새끼로 태어나지. 그리고 털을 갖고 있어. 사람도 포유류야.

화석
오래 전 살았던 생명체가 남긴 흔적이나 유해. 화석을 이용하면 과학자들은 사람이 등장하기 전에 멸종한 여러 종에 대해 알아낼 수 있지.

시간대

지구라는 행성은 아주 나이가 많아. 사실 45억 살이 넘었지. 지구의 생명 이야기와 이 책은 물 천지였던 선캄브리아기에서 오늘날에 이르기까지 여러 시대로 나뉘어. 그 시간대를 알아보자.

신생대 (71~91쪽)	제4기: 260만 년 전 – 지금
	신제3기: 2,300만 년 전 – 260만 년 전
	고제3기: 6,600만 년 전 – 2,300만 년 전
중생대 (39~70쪽)	백악기: 1억 4,500만 년 전 – 6,600만 년 전
	쥐라기: 2억 100만 년 전 – 1억 4,500만 년 전
	트라이아스기: 2억 5,200만 년 전 – 2억 100만 년 전
고생대 (9~38쪽)	페름기: 2억 9,900만 년 전 – 2억 5,200만 년 전
	석탄기: 3억 5,900만 년 전 – 2억 9,900만 년 전
	데본기: 4억 1,900만 년 전 – 3억 5,900만 년 전
	실루리아기: 4억 4,400만 년 전 – 4억 1,900만 년 전
	오르도비스기: 4억 8,500만 년 전 – 4억 4,400만 년 전
	캄브리아기: 5억 4,100만 년 전 – 4억 8,500만 년 전
	선캄브리아기: 46억 년 전 – 5억 4,100만 년 전

마이크 바필드

마이크 바필드는 작가 겸 시인 겸 연기자 겸 수상 경력이 있는 만화 작가야. 책, 텔레비전, 라디오, 잡지에 글을 쓰지. 이 책에서 그가 좋아하는 동물은 도도새야.

폴라 보시오

폴라 보시오는 콜롬비아 출신의 삽화가 겸 작가야. 그녀의 책은 전 세계에서 출판됐지. 이 책에서 그녀가 좋아하는 동물은 호아친새야.

김성훈

치과 의사에서 별안간 삶의 방향을 튼 '엉뚱한' 번역가. 소속은 바른번역이다. 중학생 때부터 과학에 대한 궁금증을 적은 노트가 그의 보물 1호다. 그 노트 때문인지 번역 일을 택했고, 더 많은 사람에게 과학의 매력을 선사하는 중이다. 옮긴 책으로는 『정리하는 뇌』, 『나를 나답게 만드는 것들』, 『운명의 과학』, 『날마다 구름 한 점』, 『구름관찰자를 위한 가이드』, 『그레인 브레인』, 『어떻게 물리학을 사랑하지 않을 수 있을까?』, 『이상한 수학책』, 『아인슈타인의 주사위와 슈뢰딩거의 고양이』 등이 있으며, 『늙어감의 기술』로 36회 한국과학기술도서상 번역상을 받았다.